まちごとチャイナ

浜海新区と市街南部
Tianjin 003 Binhaixinqu

躍動する「ウォーター・フロント」

Asia City Guide Production

【白地図】天津市

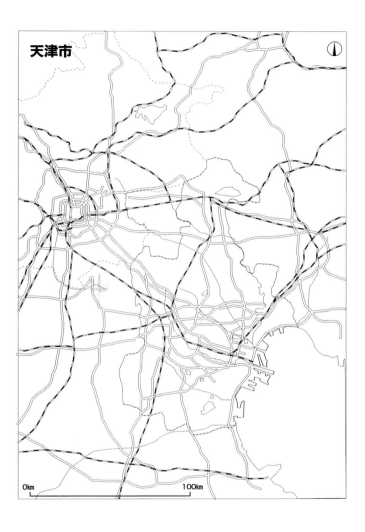

【白地図】渤海湾経済圏

CHINA
天津

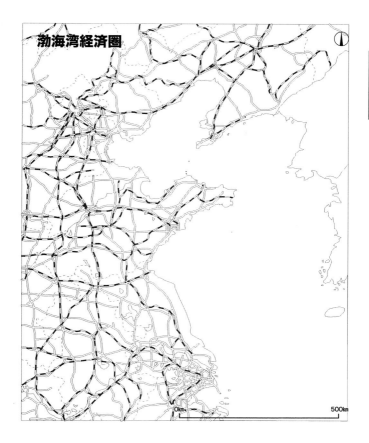

【白地図】天津

CHINA
天津

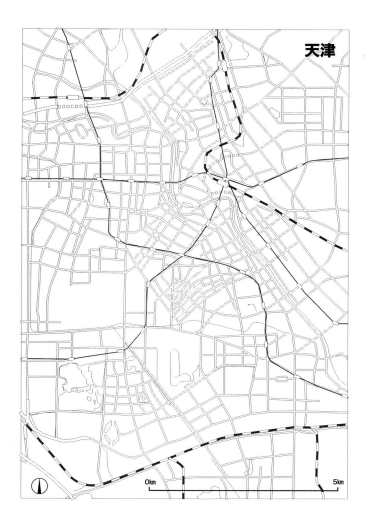

【白地図】天津新市街

CHINA
天津

【白地図】天津文化中心

CHINA
天津

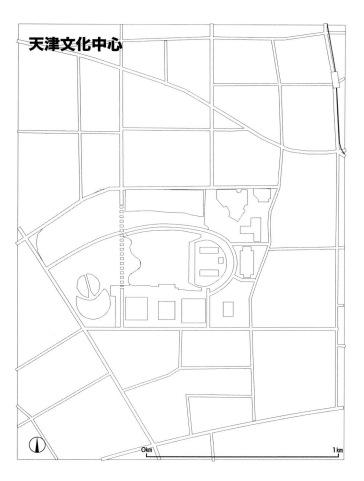

天津文化中心

Binhaixinqu

白地図

【白地図】浜海新区

CHINA
天津

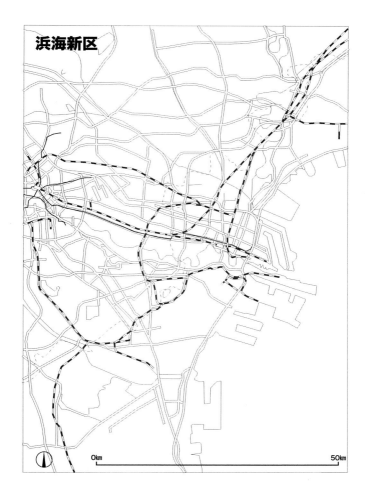

【白地図】浜海新区中心部

CHINA
天津

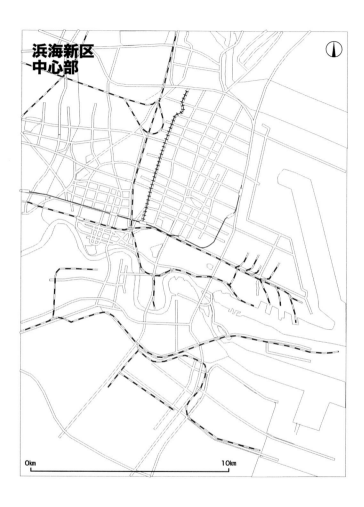

【白地図】塘沽中心部

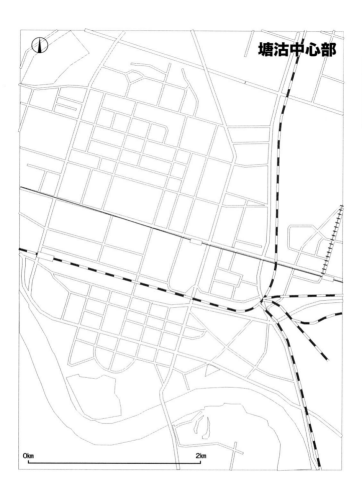

【白地図】泰達

CHINA
天津

泰達

Binhaixinqu 白地図

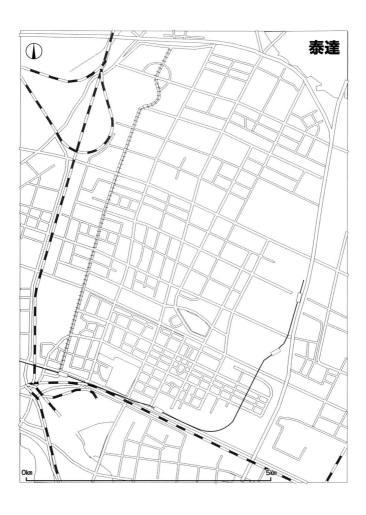

【白地図】天津エコシティ（天津生態城）

CHINA
天津

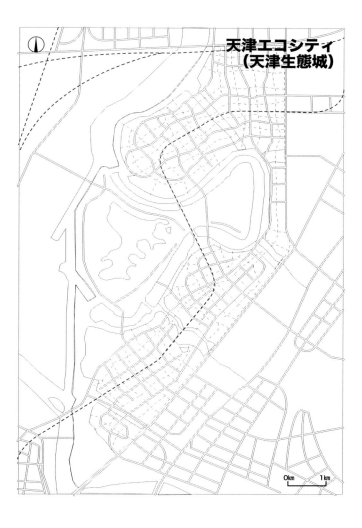

【白地図】楊柳青

CHINA
天津

楊柳青

Binhaixinqu 白地図

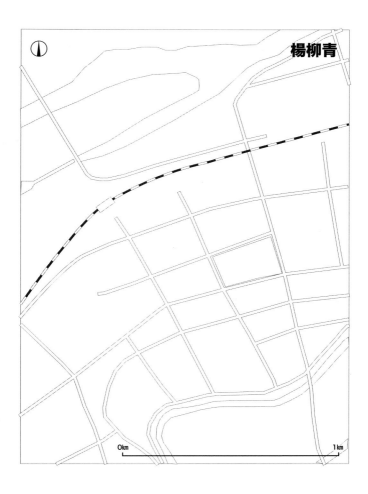

【まちごとチャイナ】
天津001 はじめての天津
天津002 天津市街
天津003 浜海新区と市街南部
天津004 薊県と清東陵

CHINA
天津

水際と陸地のはざまに展開し、港湾と物流機能をもつ港町として発展してきた天津。この街の地形は海河の運ぶ土砂や、その氾濫でかたちづくられ、湖や貯水池がいくつも残ることから「水の都」とたとえられる。

このような性格をもつ天津にあって、渤海湾近くの水たまりや塩田、湿地帯を埋め立てることで、中国全土に先駆ける試みがはじまった。1994年に設立された浜海新区は全国有数のコンテナの取り扱い量をもつ天津新港を抱え、経済特区、研究施設、コンベンションセンター、環境都市などを擁する(天

浜海新区 bīn hǎi xīn qū
ビンハイシンチュウ

浜海新区と市街南部
Bin Hai Xin Qu

津市街から南東に 45km)。

　くわえてこの浜海新区を中心に、大連、青島、秦皇島など一大渤海湾経済区が形成され、北京から華北、内蒙古、ウイグルといった後背地をもつ優位性もある。21世紀初頭から新たな経済センターへと成長した天津浜海新区は、深圳を中心とする珠江デルタ、上海浦東を擁する長江デルタに続く成長軸として期待されている。

【まちごとチャイナ】
天津003 浜海新区と市街南部

目次

浜海新区と市街南部 …………………………………… xxiv

進化を続ける水辺都市 ………………………………… xxx

市街南部城市案内 ……………………………………… xxxviii

浜海新区城市案内 ……………………………………… lviii

天津西部城市案内 ……………………………………… xc

漕運とともにあった街 ………………………………… xcvi

【MEMO】

【地図】天津市

【地図】天津市の [★★☆]
- [ ] 浜海新区 滨海新区 ビンハイシンチュウ
- [ ] 大沽口砲台遺址 大沽口炮台遗址 ダァグゥコウパオタイイィチィ

【地図】天津市の [★☆☆]
- [ ] 中新天津生態城（天津エコシティ）中新天津生态城 チョンシンティエンジンシェンタイチャン

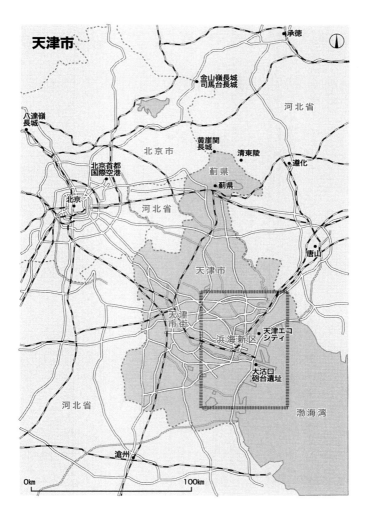

Binhaixinqu　浜海新区と市街南部

進化
を続ける
水辺都市

CHINA
天津

巨大なプロジェクトが次々と立ちあがる天津
首都北京ともわずかの時間で結ばれ
新たな性格をもつ巨大港湾都市が生まれようとしている

最先端のウォーター・フロント

故宮（紫禁城）を中心に発展してきた北京に対して、天津は港と港湾機能をもつ街として発展してきた。そのため天津新港に隣接する地域は、20世紀以来、港湾、倉庫、漁港、工場といった物流や港湾機能をもつ経済重視の側面が強かったが、21世紀に入って新たな性格が加えられようとしている。浜海新区では水と親しむ人々の生活の場、新しい技術や研究開発の場、情報発信の場所として期待され、さまざまな試みがはじまっている。

▲左　熱い眼差しが集まる天津浜海新区。　▲右　環境や生活に配慮する街も現れた、天津エコシティ

渤海湾経済圏の中心へ

1978年、鄧小平指導のもと計画経済から資本主義の要素をとり入れた改革開放がはじまり、中国経済は急速に発展するようになった。先んじたのが1980年代の珠江デルタ（華南）で、1990年代の長江デルタ（華中）に続いて、2000年代の渤海湾沿岸（華北）へと経済成長は南から北へ移っている。またこのあいだの内需の拡大や産業構造の変化を受けて、浜海新区では低賃金労働による輸出加工品だけではなく、機械、紡績、電子、医療品などの新産業集積が進められている。北京、天津、河北省、遼寧省、山東省といった後背地をもつ天

▲左 天津浜海新区の市民広場駅。 ▲右 天津文化中心にて、目を見張る巨大建築がならぶ

津の地の利は改めて注目されている。

新たな都市文化の発信

天津市街の南側に建設された天津文化中心は、湖のまわりに図書館、博物館、美術館、科技館を配し、総面積は地上53万平方メートル、地下47万平方メートルにもなる。これらの施設は一般市民に開かれ、これまでの経済成長の一辺倒から文化、レクリエーション、居住面の充実が意図されている。また浜海新区では、人間を中心に環境に配慮した天津エコシティの開発が進められるなど天津発のプロジェクトが進

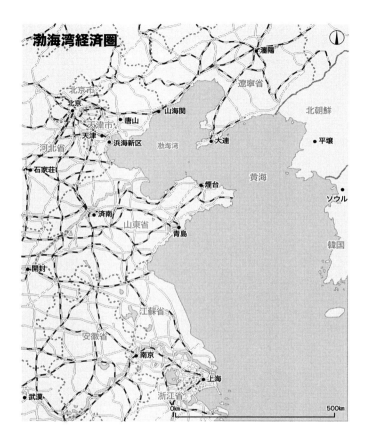

Binhaixinqu 進化を続ける水辺都市

CHINA
天津

められている(中国とシンガポールの共同で建設されているスマート・シティ)。

【地図】天津

【地図】天津の [★★☆]
- ☐ 天津広播電視塔 天津广播电视塔
 ティエンジングァンボォディエンシィタァ
- ☐ 周恩来鄧穎超記念館 周恩来邓颖超记念馆
 チョウエンライドンインチャオジィネングァン
- ☐ 天津文化中心 天津文化中心
 ティエンジンウェンファチョンシン

【地図】天津の [★☆☆]
- ☐ 水上公園 水上公园 シュイシャンゴンユェン
- ☐ 南開大学 南开大学 ナンカイダァシュエ
- ☐ 梅江 梅江 メイジャン

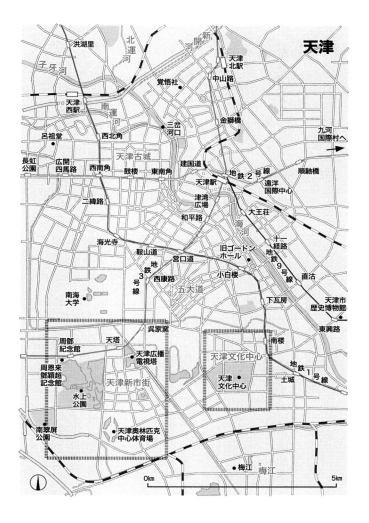

Binhaixinqu 進化を続ける水辺都市

Guide,
Nan Fang Cheng Shi
市街南部
城市案内

CHINA
天津

海河のほとりから拡大を続ける天津市街
市街南部には周恩来鄧穎超記念館が開館し
天津広播電視塔や天津文化中心が位置する

天津広播電視塔 天津广播电视塔 tiān jīn guǎng bō diàn shì tǎ
ティエンジングァンボォディエンシィタァ ［★★☆］

天津南部にそびえる高さ415.2mの天津広播電視塔（天津テレビ塔）。天津を代表する建物のひとつにあげられ、天塔という愛称で親しまれている。高さ250m地点にある展望台からは天津市街が一望できる。水上公園東の天塔湖に立つ。

上谷商業街 上谷商业街 shàng gǔ shāng yè jiē
シャングゥシャンイェジエ ［★☆☆］

天津広播電視塔と水上公園を結ぶ天塔道の南側に広がる上谷

▲左　上谷商業街には料理店はじめ各種店舗が入居する。　▲右　遠くからもその姿を確認できる天津広播電視塔

商業街。各種料理店を中心とした複合施設で、ひとつの街が意識された建築となっている。

周恩来鄧穎超記念館 周恩来邓颖超记念馆
zhōu ēn lái dèng yǐng chāo jì niàn guǎn
チョウエンライドンインチャオジィネングァン［★★☆］

1949年以来、中華人民共和国の総理として毛沢東を支えた周恩来とその妻の鄧穎超にまつわる展示がならぶ周恩来鄧穎超記念館。天津は若き日の周恩来が過ごした街で、この街でのちの妻となる鄧穎超と出逢った。天津で結成された覚悟社

【地図】天津新市街の [★★☆]

- ☐ 天津広播電視塔 天津广播电视塔
    ティエンジングァンボォディエンシィタァ
- ☐ 周恩来鄧穎超記念館 周恩来邓颖超记念馆
    チョウエンライドンインチャオジィネングァン

【地図】天津新市街の [★☆☆]

- ☐ 上谷商業街 上谷商业街 シャングゥシャンイェジエ
- ☐ 水上公園 水上公园 シュイシャンゴンユェン
- ☐ 天津動物園 天津动物园 ティエンジンドンウゥユェン
- ☐ 南開大学 南开大学 ナンカイダァシュエ
- ☐ 天津オリンピックセンター・スタジアム
    天津奥林匹克中心体育场
    ティエンジンアォリンピィカァチョンシンティユゥチャン

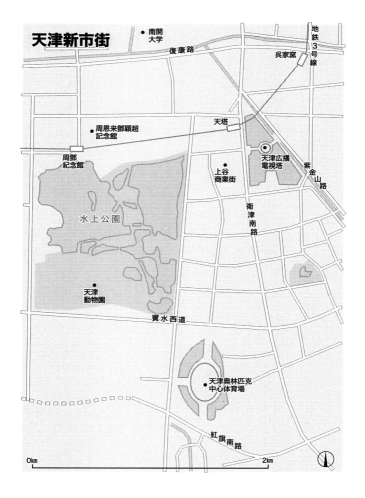

CHINA
天津

でともに学生運動にとりこむなかで、周恩来と鄧穎超は愛を育んでいった。周恩来はフランス留学中も鄧穎超に2週間空けることなく、250通もの手紙を送り、ふたりは1925年に結婚した(毛沢東らの指導者が複数の女性を妻にもったのと違い、周恩来は生涯、鄧穎超を愛し続けた)。1949年に中華人民共和国が成立すると、周恩来は総理をつとめ、1955年のアジア・アフリカ会議はじめ外交の場で活躍しているが、そのそばには夫を支える鄧穎超の姿があった。ふたりは中国でも理想的な夫婦と言われ、周恩来は「人民の総理」、鄧穎超は「人民の母」と呼ばれ、多くの人に慕われている。

▲左　理想的な夫婦にあげられる周恩来と鄧穎超。　▲右　周恩来専用の飛行機がおかれている

周恩来と天津

1949年の中華人民共和国成立後、総理として毛沢東を支え、平和五原則、日中国交正常化など華麗な外交の舞台で活躍した周恩来。天津はこの周恩来が青年期（15歳から22歳、1913年夏〜1920年冬。1917年から2年間、日本へ留学している）を過ごした場所で、租界を通して西欧の学問や思想が流入し、先進的な気風をもっていた。当時、天津の書店には西欧の翻訳書がならび、そのほかにも康有為や梁啓超の著作を読むなかで周恩来は成長していった。周恩来は南開中学卒業後、明治維新を成功させた日本に留学し、そこで河上肇の

CHINA
天津

著作を通してマルクス主義にふれ、帰国後、五四運動の学生運動を指導する覚悟社を設立した。周恩来の執筆した新聞記事は注目を集め、やがて頭角をあらわすようになった（この時代、学生運動をとり締まりで逮捕されることもあったが、中国官憲のおよばないフランス租界で会合が行なわれるなどした）。

▲左　今でも人々に慕われる周恩来は天津ゆかりの人物。　▲右　湿地帯が整備されて公園になった

水上公園 水上公园 shuǐ shàng gōng yuán
シュイシャンゴンユェン ［★☆☆］

東に天津広播電視塔をのぞみ、天津市民の憩いの場として知られる水上公園。もともと天津の地は、海河の支流がつくった水辺と陸がまじわる湿地帯で、水上公園の大小の池はその名残りとなっている（1949年の新中国成立以後、湿地帯を整備して公園になった）。水辺に中国楼閣が立つほか、家族で楽しめる遊園地、水滴がイメージされた像も見られる。

CHINA
天津

天津動物園 天津动物园 tiān jīn dòng wù yuán
ティエンジンドンウゥユェン ［★☆☆］

水上公園の南側に位置する天津動物園。パンダやシベリア・タイガーなどの希少動物はじめ、3000あまりの動物が飼育されている。また栖瑰館では熱帯の植物にくわえて、ヘビやワニなどの爬虫類が見られる。

南翠屏公園 南翠屏公园 nán cuì píng gōng yuán
ナンチュイピンゴンユェン ［★☆☆］

水上公園の南西に広がる南翠屏公園。天津郊外の開発が進む

▲左　若き日の周恩来と鄧穎超は天津で出会った。　▲右　水上公園前にて、着ぐるみの客引き

なか、この地の湿地を埋め立てることで整備された。平地が続く天津にあってめずらしい山（人工の山）がある公園となっている。

南開大学 南开大学
nán kāi dà xué ナンカイダァシュエ　[★☆☆]

南開大学は天津屈指の名門大学で、15 〜 19 歳（1913 年から 17 年）の 4 年間、周恩来が学んだ（当時は南開学校）。1904 年、厳範孫、張伯苓海軍士官出身張伯苓によって設立された歴史をもち、アメリカのキリスト教団体から資金面の援助を

CHINA
天津

受け、イギリスから英語や数学の教師が派遣されるなど先進的な西欧の教育制度がとり入れられていた。周恩来は通常の半分の時間で作文の課題を終わらせるなど、その才能を認められ、2年次から学費と雑費を免除されている(全寮制の男子校で、寄宿舎では出身別に集まり、中国と西欧の習慣を身につけた)。1919年、南開大学が開設されると、日本留学後の周恩来は第一期生として入学することになった。

【MEMO】

CHINA
天津

天津文化中心 天津文化中心 tiān jīn wén huà zhōng xīn
ティエンジンウェンファチョンシン［★★☆］

21世紀に入ってから急速に成長する街を象徴する天津文化中心。天津市街南部の新市街に広がる敷地面積は90万平方メートルで、文化や生活環境などで成熟した天津市民に応える大型施設となっている。中央の湖の周囲に博物館、美術館、図書館、オペラハウスが配置されている。

▲天津文化中心には博物館や美術館が一堂に会する。　▲右　球体を載せた天津科技館

天津博物館新館 天津博物馆新馆
tiān jīn bó wù guǎn xīn guǎn
ティエンジンボォウゥガンシングァン ［★☆☆］

天津文化中心の一角に位置する天津博物館。天津博物館の歴史は1918年までさかのぼり、この新館は2012年に開館した。地上5階、地下1階建ての建物には、玉器や青銅器、絵画などが展示され、古代の天津を扱う「天津人文的由来」、中国の近代化の最前線となった近代天津を扱う「中華百年看天津」などが見られる。

【地図】天津文化中心

【地図】天津文化中心の [★★☆]
- [ ] 天津文化中心 天津文化中心 ティエンジンウェンファチョンシン

【地図】天津文化中心の [★☆☆]
- [ ] 天津博物館新館 天津博物馆新馆 ティエンジンボォウガンシングァン
- [ ] 天津図書館 天津图书馆 ティエンジントゥシュゥグァン

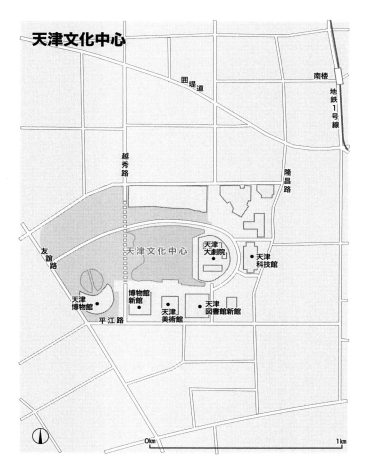

CHINA
天津

天津図書館 天津图书馆 tiān jīn tú shū guǎn
ティエンジントゥシュゥグァン［★☆☆］

収蔵冊数500万冊という中国を代表する天津図書館。白を貴重とする内部空間では、梁そのものを書架とし、複雑に空間がわけられている（書籍の読書室、閲覧室などがある）。また紙の書籍のほかに電子書籍が整備されるなど、今後の図書館のありかたが模索されている。

Binhaixinqu 市街南部城市案内

▲左　天井まで続く書架、天津図書館にて。　▲右　水のしずくがイメージされた天津オリンピックセンター・スタジアム

天津オリンピックセンター・スタジアム 天津奥林匹克中心体育场 tiān jīn ào lín pǐ kè zhōng xīn tǐ yù chǎng ティエンジンアォリンピィカァチョンシンティユゥチャン [★☆☆]

市街南部に立つ天津オリンピックセンター・スタジアム。2008年に開催された北京オリンピックでは、このスタジアムはサッカー場として使用された。美しい曲線をもつ外観をしていて、水面に浮かぶ巨大な水滴が意識されている(「水滴」の愛称をもつ)。

CHINA
天津

梅江 梅江 méi jiāng メイジャン ［★☆☆］
市街東南部に広がる梅江。天津を代表する高級住宅街として知られ、樹木の茂る公園、静かな住環境が整っている。

梅江会展中心 梅江会展中心 méi jiāng huì zhǎn zhōng xīn
メイジャンフイチャンチョンシン ［★☆☆］
天津梅江会展中心は、会議室、商業施設、食事、娯楽が一体化したコンベンションセンター。35万平方キロの敷地面積をもち、世界に向けた情報を発信する展覧会が開催されている。

Guide,
Bin Hai Xin Qu
浜海新区
城市案内

CHINA
天津

天津市街から南東の渤海湾に面する浜海新区
20世紀後半より開発区に指定され
巨大プロジェクトが次々に進められている

浜海新区 滨海新区
bīn hǎi xīn qū ビンハイシンチュウ [★★☆]

天津市街の南東45kmに位置する浜海新区は、深圳（珠江デルタ）、上海の浦東（長江デルタ）に続く華北の経済成長の中心として注目されている。浜海新区は、北京と天津市街というふたつの直轄地を後背地にもち、くわえて大連や青島という渤海湾の都市につながる地の利の優位性がある（豊富な塩、石油、天然ガスなどの渤海湾の豊富な資源、天津大学や南開大学などが排出する人材もあいまって、加工生産だけでなく、研究や技術開発も期待される）。渤海湾へ続く港湾、

浜海新区城市案内

交通網、工業基盤が整備され、天津経済開発区、天津港保税区、天津エコシティなど国家主導のプロジェクトが進められる一方、環境保護や緑地の確保にも配慮し、住みやすい環境都市の建設も模索されている。

浜海新区の構成

2009年、渤海湾に面する塘沽、漢沽、大港の3つの地域が合併し、浜海新区はつくられた。天津市街と浜海新区を結ぶ津浜軽軌（地鉄9号線）が北西から南東に向かって走り、天津新港を前に北側にカーブする。この津浜軽軌の線路の北側

【地図】浜海新区

【地図】浜海新区の［★★☆］
- □ 浜海新区 滨海新区ビンハイシンチュウ
- □ 大沽口砲台遺址 大沽口炮台遗址 ダァグゥコウパオタイイィチィ

【地図】浜海新区の［★☆☆］
- □ 天津新港 天津新港ティエンジンシンガン
- □ 中新天津生態城（天津エコシティ）中新天津生态城 チョンシンティエンジンシェンタイチャン
- □ 大港油田 大港油田ダァガンヨウティエン
- □ 天津浜海国際空港 天津滨海国际机场 ティエンジンビンハイグゥオジィジィチャン

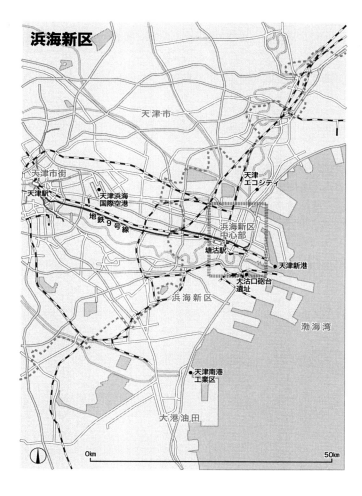

【地図】浜海新区中心部

【地図】浜海新区中心部の [★★☆]
- [ ] 浜海新区 滨海新区ビンハイシンチュウ
- [ ] 大沽口砲台遺址 大沽口炮台遗址 ダァグゥコウパオタイイィチィ

【地図】浜海新区中心部の [★☆☆]
- [ ] 天津新港 天津新港ティエンジンシンガン
- [ ] 海河外灘公園 海河外滩公园 ハイハァワイタンゴンユェン
- [ ] 国際展示場 国际展示场グゥオジィチャンシィチャン
- [ ] 潮音寺 潮音寺チャオインスー

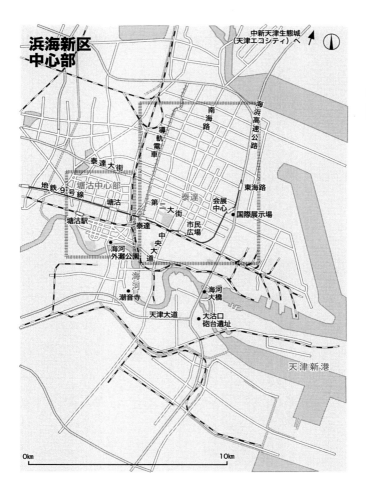

CHINA
天津

に広がる浜海新区の中心地は碁盤の目状の街区をもち、南から第一大街、第二大街、第五大街と続く。街区の東側に天津新港があり、環境に配慮した天津エコシティは北側に位置する。明代からの歴史がある大沽口や潮音寺は海河の南側に残り、歴史的には海河の北側が塘沽、南側が大沽と呼ばれてきた。

浜海新区のはじまり

1949年以来、中国では計画経済のもとで国づくりが進められてきたが、1978年、鄧小平によって改革開放が唱えられ

浜海新区城市案内 Binhaixinqu

▲左　経済一辺倒から、豊かな暮らしへ舵が切られている。　▲右　かつて塩田の広がる土地が生まれ変わった

るると、大きく経済政策の舵が切られた（北京から遠い広東省に経済特区がおかれ、外資を呼び込み、資本主義の要素が導入された）。1980年代に深圳が驚異的な発展をとげ、続いて1990年代の上海、そして2000年代の渤海湾へと南から北へ、沿岸部から内陸へと中国経済は発展していった。天津には1984年に国家レベルの天津経済技術開発区（TEDA）がおかれていたが、鄧小平は1986年にこの開発区を訪れ、「（港湾と都市のあいだにある多くの荒地には潜在力があり）開発区は大いに希望がある」と述べている。この開発区の成功が1994年の浜海新区の設立へつながった。

CHINA
天津

天津新港 天津新港
tiān jīn xīn gǎng ティエンジンシンガン ［★☆☆］

天津新港（塘沽新港）は華北最大の総合貿易港で、天津、北京から河北省、内蒙古自治区へと続く広大な後背地をもつ（天津まで60km、北京まで120kmの距離）。天津の街は古くから港町として発展してきたが、海河の川幅が狭く、川底が浅いところから大型船舶が遡行できない河港だった。このような事情から中華人民共和国成立後の1952年、海河下流域に人工の海港が建設され、中国有数のコンテナとり扱い量、貿易輸出をもつ港となった（かつて日本軍が1939年にさまざま

▲左　天津新港、大型タンカーが往来する。　▲右　津浜軽軌の駅、天津市街と浜海新区を結ぶ

な候補地からここに港の建設をはじめた歴史があり、新中国建国後に完成した)。埋め立てが進んだため、当初から港の陸地面積は100倍にもなったと言われ、とり扱い物の異なる北疆、南疆、海河、東疆という4つの港区をもつ。中国と世界180もの国々を結ぶ国際中継貿易の拠点となっている。

【地図】塘沽中心部

【地図】塘沽中心部の ［★★☆］
- [ ] 浜海新区 滨海新区 ビンハイシンチュウ

【地図】塘沽中心部の ［★☆☆］
- [ ] 海河外灘公園 海河外滩公园 ハイハァワイタンゴンユェン

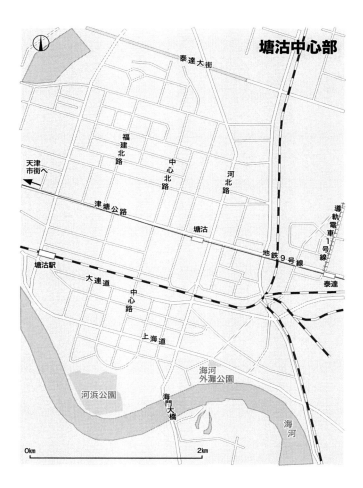

【地図】泰達

【地図】泰達の ［★★☆］
- [ ] 浜海新区 滨海新区 ビンハイシンチュウ

【地図】泰達の ［★☆☆］
- [ ] 国際展示場 国际展示场 グゥオジィチャンシィチャン

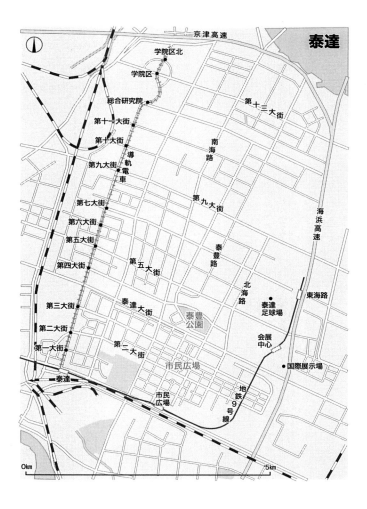

泰達

Binhaixinqu 浜海新区城市案内

CHINA
天津

海河外灘公園 海河外滩公园 hǎi hé wài tān gōng yuán
ハイハァワイタンゴンユェン ［★☆☆］

浜海新区の中心に近く、海河下流のほとりに広がる海河外灘公園。上海の外灘を意識して整備された公園で、この地区の人々の憩いの場となっている（華北を流れる5つの河川は天津市街で合流して海河になり、下流の浜海新区へ注ぐ。近年、この海河の汚染も指摘されている）。球形のオブジェが立つ。

▲左　海河外灘公園、球型オブジェが目印になる。　▲右　大きく蛇行しながら流れる海河

国際展示場 国际展示场 guó jì zhǎn shì chǎng
グゥオジィチャンシィチャン ［★☆☆］

天津新港に近い場所に立つ浜海新区の国際展示場。会議、展示会、娯楽機能などを備えるコンペションセンターとなっている。

中新天津生態城（天津エコシティ） 中新天津生态城
zhōng xīn tiān jīn shēng tài chéng
チョンシンティエンジンシェンタイチャン ［★☆☆］

中国とシンガポールの共同出資のもと、開発が進められている中新天津生態城（天津エコシティ）。塩田を埋め立てて建

CHINA
天津

設された環境都市で、世界的に注目を集めている。この中新天津生態城では、二酸化炭素の排出量をおさえ、自然エネルギー利用率20%、廃棄物の60%を再利用、汚水再生利用率を30%にするなどさまざまな指標がかかげられ、太陽光発電、風力発電、地中熱などを自然エネルギーとして使い、緑地を確保するなどの配慮がされている。また水道や交通、送電網をITでコントロールして経済活動を効率化し、大気、水質、騒音などを調整することで心地よい生活環境の整備も進められている。

浜海新区城市案内 Binhaixinqu

▲左　ふんだんに配された緑も天津エコシティの特徴。　▲右　太陽光パネルが備えられている

21世紀型都市の開発

増加する二酸化炭素の排出など、環境問題は中国がとり組んでいる最重要課題だと言われる。中国では農村から豊かな都市部へ流入する人口が増えることで都市化は進み、その受け皿になる環境都市をつくることが模索されてきた。2020年の完成時には、35万人がこの天津エコシティに暮らし、この環境都市モデルを中国全土に広めることが考えられている。

【地図】天津エコシティ（天津生態城）の［★☆☆］

- [ ] 中新天津生態城（天津エコシティ）中新天津生态城
   チョンシンティエンジンシェンタイチャン

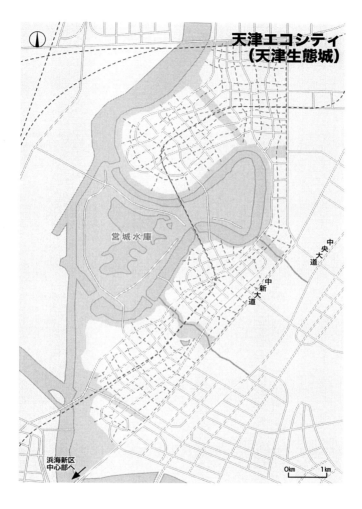

CHINA
天津

塩田の伝統

天津の海岸地帯には古くからの塩業の伝統があり、とくに渤海湾に面した百里塩田は長蘆塩の生産地として知られてきた（海でとれるもの、岩塩からとれるもの、塩湖からとれるものなど、塩にはさまざまな採取法があり、長蘆塩は渤海湾に面した塩場で生産され、華中の両淮塩に次いで知られる塩だった）。塩田では古くは海岸の砂地をならし、塩分をふくんだ海水をくみあげて蒸発させ、それを煮ることで塩をとった（揚浜式）。またそこから、遠浅の浜を整備して、海とのあいだに堤防を築いて門をつくり、海水をなかに入れて蒸発

浜海新区城市案内 Binhaixinqu

させてから煮るようになった(入浜式)。どちらも海水や塩をふくむ砂、塩を運ぶ重労働だったが、現在では、塩田から工場でのイオン交換膜へと製塩方法の変化が見られる。そのため浜海新区では塩田を埋め立てることで天津エコシティなど新しい街づくりが進められるようになった。

中国と塩

塩は体液の浸透圧を一定に保つ働きのほか、食欲を促進するため穀物に準ずる生活必需品として知られてきた。味を加減することを「塩梅(あんばい)」と言い、「塩は食肴の将」と

CHINA
天津

▲左　清潔さへの意識も表れている。　▲右　海河の北が塘沽、南が大沽と呼ばれていた、塘沽中心部

漢代の書物にも見られる（また給料を意味するサラリーは、ソルトから来ている）。誰もが一定量を必要とするという特徴のうえ、海から内陸部の奥地にかけて国土が広がる中国では塩は歴史を通じて貴重品となってきた。春秋五覇の斉の桓公が塩を国が管理することで覇を唱えるなど、中国の政権は塩を専売制にして税をかけてきた。またそれに対して塩の密売人が古くから活動し、黄巣の乱の黄巣や唐を滅ぼした朱全忠などが塩の密売人を出身とする。塩の旧字「鹽」は、皿のうえに塩の結晶をおいて旗を立て、臣下がそばで見張っていることを意味するのだという。

【MEMO】

CHINA
天津

大沽口砲台遺址 大沽口炮台遗址 dà gū kǒu pào tái yí zhǐ
ダァグゥコウパオタイイィチィ ［★★☆］

海河の南北両岸におかれた河口部に位置する大沽口砲台遺址は、「津門の屏」と呼ばれ、渤海湾から北京へ到る水門の役割を果たしてきた。もともと明代の嘉靖帝の時代（16世紀）、首都北京を防衛する目的で建設された歴史があり、清代の1816年には大砲が両岸に設置され、兵士が常駐していた。この大沽口砲台遺址はふたつのアヘン戦争の舞台となったことでも知られ、とくに1856年にアロー号事件が起こると、南方の広東省からイギリス艦、フランス艦、アメリカ艦

▲左　北京を防衛する要塞跡の大沽口砲台遺址。　▲右　清朝と西欧ふたつの文明が衝突した

によって砲撃が加えられた。天津条約が結ばれて停戦したのち、1858年、清は欽差大臣僧格林沁を派遣して大沽口砲台遺址の大砲で列強に応戦し、一時はこれを退けた。しかし、1860年、イギリスとフランス軍によって陥落し、やがて天津、続いて北京も西欧列強に占領されることになった。

アロー号戦争（第二次アヘン戦争）

1840年、アヘンをとり締まる清朝にイギリスが砲艦外交で応じ、アヘン戦争が勃発した。続くアロー号事件（第二次アヘン戦争）は、1856年、中国への侵略を進めるイギリスとフランスが「国

CHINA
天津

旗が中国兵によって引き下ろされた」という言いがかりをつけ、軍事行動がはじまった。列強は大沽口から海河をさかのぼって天津、続いて北京もを占領し、やがて南京条約（アヘン戦争後の1840年に締結）で開港された上海などに続いて、天津も開港され、西欧の租界が構えられるようになった。

潮音寺 潮音寺 cháo yīn sì チャオインスー ［★☆☆］
15世紀の明代に建立された歴史をもつ潮音寺。海河のほとりに位置し、前殿から天王殿、後殿へといたる伽藍が残っている。古くから漁民や塩田で働く人々の信仰を集めてきた。

▲左 アロー号戦争では清朝とイギリス、フランスのあいだで激戦が交わされた。　▲右　かつて渤海湾を往来した中国のジャンク船

黄河とともに

華北平原は、黄河、淮河、海河の3つの川とその支流による土砂の堆積でつくられ、古く海の底だった天津も陸地になり、海岸線は時代とともに遠ざかった。歴史的に黄河は100年に一度のペースで流れを変え、北は天津から南は淮河のあいだで海にいたった（黄河は保定から天津へ入ることもあった）。黄河が山地から海に入るまでの約550kmのあいだで高低差は100mほどしかなく、黄河が氾濫すると、保定、石家荘、天津は泥の海と化した。同様のことは海河でも起き、1949年の新中国建国後、「海河を完全に治めよ」というスローガン

のもと、河底の土砂が浚渫され、堤防が整備された。

大港油田 大港油田
dà gǎng yóu tián ダァガンヨウティエン [★☆☆]

大慶油田（黒竜江）、勝利油田（山東省）とともに三大油田として知られてきた大港油田。渤海湾に面して、天津の南端部から河北省滄州にまたがって広がる。このあたりは地元の農民さえも近寄らないアルカリ性土質の湿地帯だったが、1964年から調査がはじまり、1967年から生産に入った。大港油田をはじめとする石油や天然ガスの豊富さから、天津は

CHINA
天津

▲左　華北の水系は天津で集まって海河となる。　▲右　湿地帯を埋め立てることで土地が確保された

比較的電力不足の不安が少ないという特徴をもつ。

天津浜海国際空港 天津滨海国际机场
tiān jīn bīn hǎi guó jì jī chǎng
ティエンジンビンハイグゥオジィジィチャン ［★☆☆］

天津市街と浜海新区のあいだに位置する天津浜海国際空港（天津まで13km、浜海新区まで30kmの距離）。華北を代表する港湾をもち、渤海湾の扇として注目される天津の物流拠点となっていて、北京まで高速道路で結ばれている。

**Guide,
Tian Jin Xi Fang**

天津西部
城市案内

CHINA
天津

天津市街の西に位置する楊柳青
ここは年画や凧など
華北を代表する民間芸術のふるさと

楊柳青 杨柳青 yáng liǔ qīng ヤンリュウチン ［★☆☆］
天津から西15kmに位置する楊柳青は、宋代より1000年続く伝統をもち、木版年画、凧や家具など工芸の街として知られる。10世紀の宋代、子牙河の河口にあたったため「流口」と呼ばれ、明代に柳を産出する「古柳口」、そこから「楊柳青」という鎮名になった。新年を迎えるにあたって、窓や門、寝室にはる年画は華北随一の伝統をもち、歴史や戯曲、山水花鳥などの題材があざやかな色彩で描かれる（蘇州の桃花塢年画とならんで「南桃北柳」と称され、木版画で下絵を刷ったあと、手作業で彩色していく方法がとられる）。この楊柳青

Binhaixinqu

天津西部城市案内

木版年画は、明末の17世紀中期にはじまり、清代なかごろには100軒もの工房に3000人の職人がいた。明清代、運河の発展とともに楊柳青は「北方の小蘇杭（蘇州、杭州）」と呼ばれるにぎわいを見せていたという。

【地図】楊柳青

【地図】楊柳青の [★☆☆]
- [ ] 楊柳青 杨柳青ヤンリュウチン
- [ ] 石家大院 石家大院シィジィアダァユェン

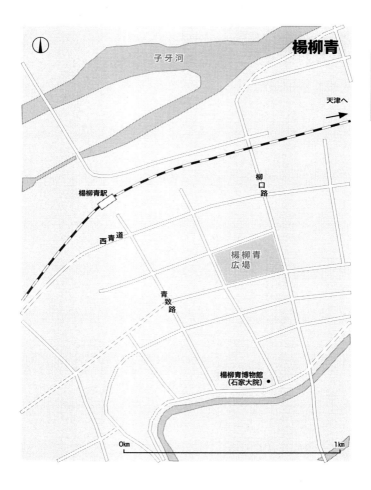

CHINA
天津

石家大院 石家大院
shí jiā dà yuàn シィジィアダァユェン ［★☆☆］
楊柳青の中心に位置する石家大院。19世紀末に創建された中国の伝統的な邸宅で、中庭の周囲を建物が囲む四合院の様式をもつ。現在は楊柳青博物館として開館し、新年をむかれるにあたって門や壁にはる年画、凧、家具などの展示が見られる。かつて楊柳青は、「家々彩染、戸々丹青（土の家も彩色ができ、戸々すべて丹青を善くする）」と言われたという。

漕運と
ともに
あった街

元代より700年、皇帝の都がおかれた北京
南方の物資を首都に運ぶ中継点として
天津は発展を見せた

運河と河川交通

中国では歴史を通じて、南方の豊かな物資を北方に運んで食料を天下に行き渡らせるということが行なわれてきた（唐宋時代は「江蘇熟せば天下足る」と言われ、明末からは「湖広熟せば天下足る」と言われた）。その物資を運ぶ大動脈となったのが、隋の煬帝が開削した南北の大運河で、天津はその北端にあたった。万里の長城とならぶ二大土木事業のひとつにあげられる運河の総延長は、浙江省から北京にいたる1800kmで、南方から米、茶、木材、北方からは梨、桃、塩などが運ばれた。明代、江南から400万石の米糧を運ぶのに1万

Binhaixinqu 漕運とともにあった街

2000 隻もの船と 20 ～ 30 万人におよぶ糧船水手が動員され、運河は船で埋まり、積み出しにあたる労働者の姿が見られたという。この運河は河底の浚渫などの整備が必要で、隋唐代から時代を追うごとに東に移動している。

海上交通で運ぶ

中国では倭寇や海難事故を避けるため、内陸を走る運河で南方の物資を運ぶことが一般的だったが、元代になると海上交通で物資が運ばれるようになった。長江河口部から山東半島の東をまわり、海河に入るルートがとられたため、天津の地位が向上し、

CHINA
天津

以後のこの街の性格を決定づけた(渤海湾に続く海河、南運河、北京へ続く運河は天津で交わる)。明代に入ると倭寇の襲撃などから海上交通から運河交通中心に戻ったが、黄河が氾濫して運河が機能しなくなったときなどは海運が利用された(清道光帝の時代の1824年など)。こうしたなか、通州から北京へ続く運河の拠点として、また大型船が海運で運んできた物資が小舟に積み替えられる場所として、天津の重要性は依然続いた。

ジャンク船から蒸気船、鉄道へ
清代、海上交通の発達を受けて上海に海運総局、天津に海運

▲左　水のそばでの暮らしがある天津。　▲右　積みあげられたコンテナ、天津新港にて

Binhaixinqu　漕運とともにあった街

局、大沽に海運外局にもうけられるなど、海上交通の整備が進められた。中国では伝統的にジャンク船がもちいられていたが、西欧諸国の侵略を受け、近代化するなかで蒸気機関の汽船（産業革命以後製造された）が登場し、清末期の光緒帝時代になると汽船が優位に立った。また1900年には天津から北京までの鉄道が敷かれたことで、運河の地位がさがり、海運の地位がよりあがった。清末の官吏、張之洞は北京から長江へ続く南北の鉄道の重要性を説くなど、汽船、鉄道といった交通手段によって物資を運ぶ方法も変化していった。

参考文献

『天津史 再生する都市のトポロジー』(天津地域史研究会編 / 東方書店)
『中国第三の波 濱海新区と TEDA の衝撃』(野村総合研究所社会産業コンサルティング部 / 日経 BP 企画)
『注目集める天津・浜海新区の塘沽区中国北部経済の中心に』(金中 / 人民中国)
『大運河 中国の漕運』(星斌夫 / 近藤出版社)
『プロジェクト:天津エコシティ --SINO-SINGAPORE TIANJIN ECO-CITY』(新建築 86)
『天津市楊柳青鎮の観光とまちづくり』(高媛 / 愛知論叢)
『世界大百科事典』(平凡社)
[PDF] 天津地下鉄路線図 http://machigotopub.com/pdf/tianjinmetro.pdf
[PDF] 天津空港案内 http://machigotopub.com/pdf/tianjinairport.pdf

まちごとパブリッシングの旅行ガイド
Machigoto INDIA , Machigoto ASIA , Machigoto CHINA

【北インド - まちごとインド】

001 はじめての北インド
002 はじめてのデリー
003 オールド・デリー
004 ニュー・デリー
005 南デリー
012 アーグラ
013 ファテープル・シークリー
014 バラナシ
015 サールナート
022 カージュラホ
032 アムリトサル

【西インド - まちごとインド】

001 はじめてのラジャスタン
002 ジャイプル
003 ジョードプル
004 ジャイサルメール
005 ウダイプル
006 アジメール（プシュカル）
007 ビカネール
008 シェカワティ
011 はじめてのマハラシュトラ
012 ムンバイ
013 プネー
014 アウランガバード
015 エローラ
016 アジャンタ
021 はじめてのグジャラート
022 アーメダバード
023 ヴァドダラー（チャンパネール）
024 ブジ（カッチ地方）

【東インド - まちごとインド】

002 コルカタ
012 ブッダガヤ

【南インド - まちごとインド】

001 はじめてのタミルナードゥ
002 チェンナイ
003 カーンチプラム
004 マハーバリプラム
005 タンジャヴール
006 クンバコナムとカーヴェリー・デルタ
007 ティルチラパッリ
008 マドゥライ
009 ラーメシュワラム
010 カニャークマリ
021 はじめてのケーララ
022 ティルヴァナンタプラム
023 バックウォーター（コッラム〜アラップーザ）
024 コーチ（コーチン）
025 トリシュール

【ネパール - まちごとアジア】

001 はじめてのカトマンズ
002 カトマンズ
003 スワヤンブナート

004 パタン
005 バクタプル
006 ポカラ
007 ルンビニ
008 チトワン国立公園

【バングラデシュ - まちごとアジア】

001 はじめてのバングラデシュ
002 ダッカ
003 バゲルハット（クルナ）
004 シュンドルボン
005 プティア
006 モハスタン（ボグラ）
007 パハルプール

【パキスタン - まちごとアジア】

002 フンザ
003 ギルギット（KKH）
004 ラホール
005 ハラッパ
006 ムルタン

【イラン - まちごとアジア】

001 はじめてのイラン
002 テヘラン
003 イスファハン
004 シーラーズ
005 ペルセポリス
006 パサルガダエ（ナグシェ・ロスタム）
007 ヤズド
008 チョガ・ザンビル（アフヴァーズ）
009 タブリーズ

010 アルダビール

【北京 - まちごとチャイナ】

001 はじめての北京
002 故宮（天安門広場）
003 胡同と旧皇城
004 天壇と旧崇文区
005 瑠璃廠と旧宣武区
006 王府井と市街東部
007 北京動物園と市街西部
008 頤和園と西山
009 盧溝橋と周口店
010 万里の長城と明十三陵

【天津 - まちごとチャイナ】

001 はじめての天津
002 天津市街
003 浜海新区と市街南部
004 薊県と清東陵

【上海 - まちごとチャイナ】

001 はじめての上海
002 浦東新区
003 外灘と南京東路
004 淮海路と市街西部
005 虹口と市街北部
006 上海郊外（龍華・七宝・松江・嘉定）
007 水郷地帯（朱家角・周荘・同里・甪直）

【河北省 - まちごとチャイナ】

001 はじめての河北省
002 石家荘
003 秦皇島
004 承徳
005 張家口
006 保定
007 邯鄲

【江蘇省 - まちごとチャイナ】

001 はじめての江蘇省
002 はじめての蘇州
003 蘇州旧城
004 蘇州郊外と開発区
005 無錫
006 揚州
007 鎮江
008 はじめての南京
009 南京旧城
010 南京紫金山と下関
011 雨花台と南京郊外・開発区
012 徐州

【浙江省 - まちごとチャイナ】

001 はじめての浙江省
002 はじめての杭州
003 西湖と山林杭州
004 杭州旧城と開発区
005 紹興
006 はじめての寧波
007 寧波旧城
008 寧波郊外と開発区
009 普陀山
010 天台山
011 温州

【福建省 - まちごとチャイナ】

001 はじめての福建省
002 はじめての福州
003 福州旧城
004 福州郊外と開発区
005 武夷山
006 泉州
007 厦門
008 客家土楼

【広東省 - まちごとチャイナ】

001 はじめての広東省
002 はじめての広州
003 広州古城
004 天河と広州郊外
005 深圳（深セン）
006 東莞
007 開平（江門）
008 韶関
009 はじめての潮汕
010 潮州
011 汕頭

【遼寧省 - まちごとチャイナ】

001 はじめての遼寧省
002 はじめての大連
003 大連市街
004 旅順
005 金州新区

006 はじめての瀋陽
007 瀋陽故宮と旧市街
008 瀋陽駅と市街地
009 北陵と瀋陽郊外
010 撫順

【重慶 - まちごとチャイナ】

001 はじめての重慶
002 重慶市街
003 三峡下り（重慶〜宜昌）
004 大足

【香港 - まちごとチャイナ】

001 はじめての香港
002 中環と香港島北岸
003 上環と香港島南岸
004 尖沙咀と九龍市街
005 九龍城と九龍郊外
006 新界
007 ランタオ島と島嶼部

【マカオ - まちごとチャイナ】

001 はじめてのマカオ
002 セナド広場とマカオ中心部
003 媽閣廟とマカオ半島南部
004 東望洋山とマカオ半島北部
005 新口岸とタイパ・コロアン

【Juo-Mujin（電子書籍のみ)】

Juo-Mujin 香港縦横無尽
Juo-Mujin 北京縦横無尽
Juo-Mujin 上海縦横無尽

【自力旅游中国 Tabisuru CHINA】

001 バスに揺られて「自力で長城」
002 バスに揺られて「自力で石家荘」
003 バスに揺られて「自力で承徳」
004 船に揺られて「自力で普陀山」
005 バスに揺られて「自力で天台山」
006 バスに揺られて「自力で秦皇島」
007 バスに揺られて「自力で張家口」
008 バスに揺られて「自力で邯鄲」
009 バスに揺られて「自力で保定」
010 バスに揺られて「自力で清東陵」
011 バスに揺られて「自力で潮州」
012 バスに揺られて「自力で汕頭」
013 バスに揺られて「自力で温州」

【車輪はつばさ】
南インドのアイラヴァテシュワラ寺院には建築本体に車輪がついていて寺院に乗った神さまが人びとの想いを運ぶと言います。

・本書はオンデマンド印刷で作成されています。
・本書の内容に関するご意見、お問い合わせは、発行元の
　まちごとパブリッシング info@machigotopub.com までお願いします。

まちごとチャイナ
天津003浜海新区と市街南部
～躍動する「ウォーター・フロント」［モノクロノートブック版］

2017年11月14日　発行

著　者	「アジア城市（まち）案内」制作委員会
発行者	赤松　耕次
発行所	まちごとパブリッシング株式会社 〒181-0013　東京都三鷹市下連雀4-4-36 URL http://www.machigotopub.com/
発売元	株式会社デジタルパブリッシングサービス 〒162-0812　東京都新宿区西五軒町11-13 清水ビル3F
印刷・製本	株式会社デジタルパブリッシングサービス URL http://www.d-pub.co.jp/

MP099

ISBN978-4-86143-233-0 C0326　　　　Printed in Japan
本書の無断複製複写（コピー）は、著作権法上での例外を除き、禁じられています。